APPLICATION

DE LA

LOI FORESTIÈRE

ALGÉRIENNE

ALGER
IMPRIMERIE ORIENTALE PIERRE FONTANA
29, RUE D'ORLÉANS, 29

1904

20 AOÛT 1904.

APPLICATION

DE LA

LOI FORESTIÈRE

ALGÉRIENNE

ALGER

IMPRIMERIE ORIENTALE PIERRE FONTANA

29, RUE D'ORLÉANS, 29

1904

APPLICATION

DE LA

LOI FORESTIÈRE ALGÉRIENNE

Mesures à prendre en vue de prévenir les incendies de forêts.

Le Gouverneur général de l'Algérie,

Vu l'article 123 paragraphe 4, sur l'emploi du feu, l'article 125 sur les mises à feu et incinérations des végétaux sur pied, et l'article 127 sur l'organisation d'un service de surveillance, de la loi forestière relative à l'Algérie, du 21 février 1903 ;

Vu les avis formulés par les préfets des départements, les généraux commandant les divisions, les conservateurs des eaux et forêts et le procureur général près la cour d'appel d'Alger ;

Le conseil de gouvernement entendu,

ARRÊTE :

ARTICLE 1er. — *Emploi du feu.*

§ 1er. — Pendant la période du premier juillet au 31 octobre, les habitations, bâtiments d'exploitation et abris en maçonnerie situés à l'intérieur ou à une distance moindre de 200 mètres des bois et forêts et dans lesquels on allume du feu, soit pour les usages domestiques, soit pour les besoins industriels, devront être entourés d'une tranchée de vingt-cinq mètres de largeur, débarrassée de toute broussaille ou végétation herbacée, et, s'il est reconnu nécessaire par l'administration des eaux et forêts, de tous bois d'essence résineuse. Cette tranchée doit être constamment maintenue en bon état d'entretien. Aucun dépôt de matière combustible ne pourra être effectué dans cette tranchée.

§ 2. — Dans les abris ou gourbis sur perches, tentes, camps, chantiers, ateliers ou installations temporaires quelconques, situés dans les bois et forêts, ou dans la zone de 200 mètres, l'emploi du feu n'est autorisé pendant la même période que pour la cuisson des aliments. Les foyers devront être entourés d'un mur en pierres sèches d'un mètre de hauteur avec une seule ouverture de 80 centimètres de largeur au maximum, ou creusés dans la terre à une profondeur minima de 50 centimètres avec relèvement des déblais autour de la fosse, de manière à obtenir la hauteur ci-dessus prescrite. Ces foyers devront, en outre, être entourés d'une tranchée de vingt-cinq mètres établie dans les conditions prescrites au paragraphe précédent.

§ 3. — Des arrêtés du préfet, pris en conseil de préfecture, pourront autoriser l'emploi du feu pendant la période d'interdiction pour le grillage des minerais dans les exploitations sises dans les massifs boisés ou à moins de 200 mètres de ces massifs. Chaque four devra être entouré d'une tranchée établie dans les conditions prescrites ci-dessus et dont la largeur sera fixée par l'arrêté spécial d'autorisation.

§ 4. — L'emploi des machines à vapeur pour le cylindrage des routes traversant les forêts sera, pendant la période d'interdiction, subordonné à une autorisation préfectorale indiquant les mesures à prendre sur l'avis du service des eaux et forêts.

§ 5. — Sur la proposition du service des eaux et forêts, les préfets feront connaître aux compagnies concessionnaires ou fermières de chemins de fer ou de tramways à vapeur, les sections des voies ferrées le long desquelles des tranchées devront être établies et entretenues par application de l'article 132 de la loi forestière algérienne.

ARTICLE 2. — *Mise à feu et incinération des végétaux.*

§ 1er. — Du 1er novembre au 30 juin, aucune incinération de végétaux sur pied ne pourra être effectuée dans un rayon de un kilomètre à partir de la limite des bois et forêts sans que la déclaration en ait été faite au moins huit jours à l'avance à la mairie de la situation des lieux ou au bureau de l'administrateur ou du commandant du cercle, chef d'annexe ou de leurs adjoints.

Cette déclaration contient élection de domicile dans la même commune et indique l'emplacement de l'incinération, son étendue, la nature des végétaux à incinérer et la date choisie pour l'opération.

Le maire, administrateur, commandant de cercle ou chef d'annexe enregistre cette déclaration sur un registre *ad hoc*, en donne récépissé au déclarant, et, lorsqu'il s'agit de terrains situés à moins de deux cents mètres des bois et forêts, en adresse immédiatement une copie au chef du cantonnement des eaux et forêts.

Le maire, administrateur, commandant de cercle ou chef d'annexe, et, pour la zone de 200 mètres, le chef de cantonnement, pourront imposer au déclarant les conditions qu'ils jugeront indispensables pour protéger les massifs voisins, telles qu'ouverture de tranchées, fixation du nombre de travailleurs, étendue à incinérer à la fois, heure de la mise à feu, etc.

Ils prendront en même temps les dispositions nécessaires pour faire surveiller l'opération et s'assurer de l'observation des conditions imposées.

Le préposé forestier délégué par le chef de cantonnement pourra imposer de nouvelles précautions au cours même de l'opération et même la suspendre si la violence du vent rendait difficile la conduite du feu.

§ 2. — Du 1er juillet au 31 octobre, sauf dans les régions séparées de tout massif boisé ou broussailleux par un espace de plus d'un kilomètre complètement dépourvu de toute végétation ligneuse ou herbacée, aucune incinération de broussailles, herbes, chaumes ou autres végétaux sur pied ne pourra être pratiquée par les particuliers.

La mise à feu de ces mêmes végétaux préalablement coupés et disposés en tas pourra être autorisée sur demande spéciale produite, enregistrée et transmise dans les mêmes conditions que la déclaration prévue au paragraphe précédent.

Le maire, administrateur, commandant de cercle ou chef d'annexe, s'il s'agit de terrains situés à plus de 500 mètres des bois et forêts, le chef de cantonnement, s'il s'agit de terrains situés dans cette zone de 500 mètres,

feront connaître leur décision au pétitionnaire et, en cas
d'autorisation, fixeront le jour et l'heure de l'opération,
les tranchées à ouvrir, le nombre de travailleurs et toutes
les précautions nécessaires.

Le surveillant délégué par eux pourra imposer de nouvelles précautions au cours de l'opération et même la
suspendre si la violence du vent pouvait faire craindre
que le feu ne se propage.

§ 3. — A partir du premier octobre et en vertu d'une
décision du préfet, prise sur avis conforme du conservateur des eaux et forêts, les dispositions du paragraphe
1er du présent article pourront être substituées à celles
du paragraphe 2, dans les régions où il serait tombé une
quantité de pluie reconnue suffisante pour faire disparaître les dangers d'incendie qui résultent de la séche-
resse de l'été.

§ 4. — Pour éviter les mises à feu volontaires, l'administration aura la faculté d'assurer elle-même la régénération des terrains de parcours, au besoin par le feu et
en toute saison, soit d'office, soit sur la demande des
djemâas ou des particuliers.

Les travaux seront effectués sous les ordres des maires ou administrateurs, par les intéressés requis à cet
effet, et suivant un plan arrêté de concert par ces maires
ou administrateurs et les chefs de cantonnement des
eaux et forêts.

Toutes les fois que ces débroussaillements avec emploi du feu seront pratiqués à moins de quatre kilomètres des bois et forêts, la présence du chef de cantonnement ou de son délégué sera nécessaire, et ceux-ci, qui
auront été prévenus au moins huit jours à l'avance du
jour et de l'heure de l'opération, pourront fixer le nombre
des travailleurs à employer, l'emplacement et la largeur
des tranchées à ouvrir, avant toute mise à feu, pour
protéger les massifs dont ils ont la gestion et, au besoin,
renvoyer la mise à feu à une autre date, si les circonstances atmosphériques l'exigent.

Tout refus de la part des indigènes de se rendre aux
réquisitions ou d'obéir aux ordres à eux adressés par
les administrateurs de commune mixte ainsi qu'aux
injonctions techniques des agents et préposés des eaux

et forêts sera envisagé et puni comme une infraction en matière d'indigénat par application de l'article 22 du tableau annexe de la loi du 21 décembre 1897.

§ 5. — Les adjoints indigènes, chefs de tribu, douar, ou fraction, cheïks, amins, tamens, mezouars, ouakafs sont tenus d'aviser immédiatement le maire ou l'administrateur et le représentant le plus voisin de l'administration des eaux et forêts des incinérations et mises à feu effectuées sur leurs territoires en contravention aux dispositions du présent arrêté.

Ils prêteront leur concours aux fonctionnaires des eaux et forêts pour la constatation des délits et contraventions.

ARTICLE 3. — *Organisation du service de surveillance.*

§ 1er. — Chaque année, il est organisé dans chaque douar, dans les régions boisées de l'Algérie, un service spécial de postes-vigies qui doit durer du premier juillet au premier novembre et auquel sont astreintes les populations indigènes riveraines et particulièrement les usagers.

§ 2. — Le nombre et la répartition des postes-vigies sur les points les plus propres à assurer la sécurité seront déterminés, dans chaque département, par arrêté du préfet ou du général commandant la division, selon le territoire, sur les propositions formulées par les administrateurs civils ou militaires et par les inspecteurs des eaux et forêts.

§ 3. — Les arrêtés pris en vertu du paragraphe précédent seront notifiés, un mois avant le commencement de la période de surveillance, au conservateur des eaux et forêts et aux inspecteurs des circonscriptions forestières intéressés, ainsi qu'aux autorités administratives civiles ou militaires, suivant le territoire, lesquelles seront chargées d'assurer immédiatement le service des postes-vigies.

§ 4. — Le service des postes-vigies consiste à prévenir immédiatement, au premier indice d'incendie, l'autorité administrative locale désignée par l'administration et le représentant du service forestier le plus rapproché, à reconnaître et arrêter, si possible, les auteurs des mises à feu et les conduire devant l'autorité locale la plus voisine, enfin à travailler sans retard à éteindre le feu.

Il devra être assuré, jour et nuit, par deux piétons et un cavalier et, si le terrain est inaccesible aux montures par trois piétons. Il durera vingt-quatre heures. Toutefois, les gardes ne devront pas quitter leur poste avant d'avoir été relevées.

§ 5. — Tous les indigènes valides, inscrits pour leur personne aux rôles des prestations, sont astreints au service des postes-vigies. Ils pourront avec l'agrément de l'autorité locale, se faire suppléer par des remplaçants dont ils resteront civilement responsables pour l'amende, les dommages-intérêts et les frais.

§ 6. — Dans les régions de chênes-lièges les plus exposées aux incendies, il pourra également être organisé dans les mêmes conditions, des brigades ambulantes, composées chacune de cinq indigènes au moins, munis des outils nécessaires, et placés sous les ordres d'un préposé des eaux et forêts.

Des arrêtés préfectoraux en détermineront le nombre et la composition.

§ 7. — Les administrateurs, commandants de cercle et chefs d'annexe désigneront, dans chaque commune mixte ou indigène, douar ou tribu, les jours de garde, et les points à occuper par les postes-vigies. Le tableau de service, ainsi arrêté, sera immédiatement communiqué aux agents, fonctionnaires et militaires chargés de la surveillance et du contrôle désignés à l'article 4 paragraphe premier du présent arrêté.

§ 8. — A partir du premier octobre et en vertu d'une décision du préfet, prise sur avis conforme du conservateur des eaux et forêts, le service des postes-vigies pourra être supprimé dans les régions où il serait tombé une quantité de pluie reconnue suffisante pour faire disparaître tout danger d'incendie.

ARTICLE 4. — *Dispositions générales.*

§ 1er. — Toutes contraventions au présent arrêté seront constatées par les agents et préposés des eaux et forêts, les administrateurs, commandants de cercle, chefs d'annexe et leurs adjoints, les maires et adjoints, les commissaires de police, les officiers de gendarmerie et gendarmes, les gardes-champêtres et généralement tous les officiers de police judiciaire et agents de la force publique.

Pour la surveillance et le contrôle du service de surveillance organisé par l'article 3, les officiers et sous-officiers dont la désignation est prévue par l'article 128 de la loi du 21 février 1903, ainsi que les chefs indigènes auront également le pouvoir de constater, par procès-verbaux, l'absence des indigènes aux postes installés ou le retard que les veilleurs auraient mis à signaler les incendies.

§ 2. — Les procès-verbaux dressés en application du paragraphe précédent seront transmis, dans les dix jours, à l'inspecteur des eaux et forêts qui est chargé d'exercer les poursuites.

En territoire militaire, et s'il s'agit d'indigènes non naturalisés, les poursuites seront exercées par devant les juridictions militaires compétentes par le général commandant la division.

§ 3. — Les préfets des départements, les généraux commandant les divisions et les conservateurs des eaux et forêts sont chargés, chacun en ce qui le concerne, de l'exécution du présent arrêté.

§ 4. — Toutes dispositions antérieures, contraires au présent arrêté sont et demeurent abrogées.

Fait à Alger, le 20 août 1904.

JONNART.

Réglementation de l'exploitation, du colportage, de la vente et de l'exportation des lièges.

Le Gouverneur général de l'Algérie,

Vu l'article 134 de la loi forestière relative à l'Algérie, du 21 février 1903, ainsi conçu : « Des arrêtés du Gouverneur général, pris en « conseil de gouvernement, détermineront les conditions de l'exploi-

« tation, du colportage, de la vente et de l'exportation des lièges,
« écorces à tan, charbons, bois et cendres de bois, alfa, produits
« résineux des forêts et brins destinés à la fabrication des cannes.

« Ceux qui auront contrevenu à ce règlement seront punis d'une
« amende de 1 à 100 francs ; il pourront, en outre, être passibles de
« un à cinq jours de prison et de la confiscation des produits, sans
« préjudice de l'application de l'article 142 de la présente loi.

« En cas de récidive, l'emprisonnement sera obligatoire » ;

Vu les avis formulés par les préfets des départements, les généraux
commandant les divisions, les conservateurs des eaux et forêts et le
procureur général près la cour d'Alger ;

Le conseil de gouvernement entendu,

ARRÊTE :

Art. 1er. — Tout européen ou indigène qui voudra
récolter du liège de reproduction sur les arbres dont il
est propriétaire, concessionnaire ou fermier est tenu d'en
faire la déclaration, au moins un mois d'avance, à la
mairie ou au bureau de l'administrateur de la commune
de la situation des bois.

Cette déclaration, en double minute, dont une sur
timbre, contient élection de domicile dans la même
commune, le nom et la situation exacte des massifs,
l'époque de l'exploitation, le nombre d'arbres sur lesquels la levée du liège doit être faite, et le nombre
approximatif de quintaux de liège à récolter.

Le maire ou l'administrateur doit, dans les vingt jours,
s'assurer que le déclarant est bien propriétaire, concessionnaire ou fermier ; il inscrit alors cette déclaration
ainsi que toutes les indications qu'elle comporte sur un
registre spécial et porte mention de cette inscription, avec
son visa, sur les deux minutes. Il rend l'une au déclarant
et fait parvenir immédiatement l'autre (celle sur timbre)
au chef de cantonnement des eaux et forêts, qui pourra
surveiller l'exploitation.

Au cas où le déclarant ne justifierait pas suffisamment de ses droits, les deux minutes de sa déclaration
lui seront rendues dans les vingt jours, avec mention
d'annulation et l'exploitation ne pourra pas être effectuée.
Le déclarant pourra appeler de cette annulation devant
le préfet, statuant en conseil de préfecture.

. Art. 2. — Les lièges de reproduction (bruts, en balles, ou ouvrés) les déchets et les lièges mâles ne peuvent être transportés sans être accompagnés d'un permis de colportage indiquant le nom et le domicile du transporteur, le nombre de quintaux, la nature du liège selon la classification de l'article 10, le lieu d'origine et la destination des produits.

Le propriétaire, concessionnaire, fermier ou acheteur de liège, qui voudra obtenir un permis de colportage en fera la demande au moment de l'enlèvement des produits à l'agent des eaux et forêts, chef du cantonnement, ou, s'il n'y a pas d'agent dans la région ou que cet agent soit régulièrement empêché, au maire ou à l'administrateur de la commune de la situation des lieux. S'il s'agit de liège de reproduction, il présentera, en même temps, la minute de la déclaration prescrite à l'article premier.

L'agent des eaux et forêts, maire ou administrateur ne délivrera le permis de colportage qu'après s'être assuré que le liège n'a pas une origine illicite et avoir vérifié la quantité à transporter. À cet effet, le liège récolté devra, préalablement à la constatation et par les soins de l'exploitant, être mis en piles sur les lieux mêmes de l'extraction.

S'il s'agit de liège de reproduction pris en forêt, il mentionnera, sur la minute de la déclaration d'exploitation, avant de la rendre au pétitionnaire, le nombre de quintaux de liège brut provenant de cette exploitation qui seront ainsi rendus mobiles.

Les permis seront valables pendant une durée de quinze jours à dater de leur délivrance. Ils pourront être prorogés pour une seconde période d'égale durée par l'autorité qui les aura délivrés.

Si les lièges transportés reçoivent des transformations en cours de route, les permis seront annulés par l'agent des eaux et forêts du lieu de la transformation, ou, à son défaut, par le maire ou l'administrateur, et remplacés par de nouveaux permis indiquant la nouvelle catégorie des produits selon la classification de l'article 10, ainsi que les nouveaux poids calculés conformément aux indications de ce même article 10.

Art. 3. — Les permis de colportage seront présentés à

toute réquisition, tant des agents et préposés des eaux et forêts que de tous autres officiers de police judiciaire ou agents de la force publique.

Ces fonctionnaires ou agents apposeront leur visa sur les permis en indiquant la date, le lieu et la quantité des produits dont ils constateront le transport.

Art. 4. — Les lièges colportés sans permis et dont la provenance ne pourra être établie seront saisis et placés sous séquestre, ainsi que les enveloppes qui les contiennent et, s'il y a lieu, les voitures, attelages et bêtes de somme qui servent à les transporter.

Notification de la saisie sera faite immédiatement par l'administration des eaux et forêts au receveur des domaines du canton judiciaire où aura lieu la saisie et, dans le délai de trois jours fixé par l'article 148 de la loi du 21 février 1903, au propriétaire, si celui-ci est connu, ou, s'il est inconnu, au maire ou à l'administrateur du lieu de la saisie, qui la fera immédiatement afficher à la porte du bâtiment communal.

Le juge de paix pourra donner main-levée provisoire de la saisie, pour tout ou partie des objets saisis, après paiement des frais de séquestre, moyennant bonne et valable caution et après qu'il aura été constaté par une déclaration écrite des autorités administratives chargées de la délivrance des permis, ou sur l'attestation, par serment, de témoins honorables et dignes de foi, que les lièges saisis ne proviennent pas d'un vol.

Avis de cette main-levée sera donné par le juge de paix à l'agent des eaux et forêts et au receveur des domaines.

Si les objets saisis ne sont pas réclamés dans les huit jours qui suivront celui de la saisie, la vente en sera faite par le receveur des domaines, qui la fera publier 24 heures à l'avance et en avisera le juge de paix et l'agent des eaux et forêts.

Les frais de garde et de vente seront taxés par le juge de paix et prélevés sur le produit net de la vente. Le surplus du prix de vente sera encaissé par l'administration des domaines, sauf restitution au propriétaire de la valeur des objets saisis, si une transaction ultérieure ou le jugement définitif l'ordonnent et après prélèvement du 5 p. 0/0 pour frais de régie alloués à l'administration des domaines par le décret du 30 octobre 1857.

En cas d'acquittement, outre cette restitution, les frais de séquestre et de régie retenus sur le produit de la vente, seront remboursés au propriétaire par le service des eaux et forêts.

Art. 5. — Le colportage des lièges est interdit pendant la nuit, à moins d'autorisation spéciale, dûment justifiée, des autorités qui ont délivré le permis.

Art. 6. — Tout européen ou indigène qui vendra des lièges sera tenu d'en justifier l'origine par la production du permis de colportage.

Art. 7. — Tout acheteur de liège devra, sous sa propre responsabilité, exiger cette justification. Il devra être constamment muni des permis de colportage établissant l'origine des lièges dont il fait commerce et renfermés dans ses magasins ou lieux de dépôt. Il pourra, en vue de nouveaux transports, se faire délivrer de nouveaux permis de colportage en remettant à l'agent des eaux et forêts, au maire ou à l'administrateur, les premiers permis qui seront immédiatement annulés.

Il ne pourra se refuser à la vérification de ses magasins ou lieux de dépôt par les maires ou adjoints, les agents ou préposés des eaux et forêts et tous autres officiers de police judiciaire.

L'article 142 paragraphe 2 de la loi du 21 février 1903 et l'article 16 paragraphe 3 du Code d'instruction criminelle sont applicables.

Art. 8. — L'achat des lièges dont l'origine n'est pas justifiée est formellement interdit ; les lièges ainsi achetés seront saisis, en quelque lieu qu'ils se trouvent et placés sous séquestre, dans les conditions prévues à l'article 4, sans préjudice des autres peines encourues.

Art. 9. — Toute expédition de liège de reproduction (brut. en balle ou ouvré), de déchets de liège ou de liège mâle, soit pour la France, soit pour l'étranger, devra être accompagnée d'un certificat d'origine délivré par le service des eaux et forêts ou à défaut par l'autorité administrative du port d'embarquement, sur le vu des permis de colportage portant certificat de provenance.

Art. 10. — Les permis de colportage seront retirés et annulés au fur et à mesure de leur échange contre le certificat d'origine pour l'exportation qui doit les remplacer.

Le certificat d'origine indiquera le nom et le domicile de l'exportateur, l'origine et la destination des produits qui seront désignés d'après leur nature au moment de l'exportation et classés dans l'une des catégories suivantes :

a. — Lièges bruts (lièges de reproduction avec leur croûte ou simplement raclés à sec).

b. — Lièges en balles (lièges de reproduction en planches, c'est-à-dire bouillis, raclés et visés).

c. — Lièges ouvrés (carrés, bouchons, etc.).

d. — Déchets de liège (menus fragments, râpures, visures, poudres, transportés sous emballage).

e. — Lièges mâles.

Lors de l'établissement des certificats d'origine, il sera tenu compte des pertes de poids provenant des transformations qu'auraient pu subir les lièges de reproduction au lieu de leur embarquement, en réduisant les poids indiqués sur les permis de colportage de 20 kilogrammes par quintal pour les lièges bruts transformés en lièges en balles, de 40 kilogrammes par quintal pour les liéges bruts transformés en carrés, et de 50 kilogrammes pour les lièges bruts transformés en bouchons ou autres objets travaillés. Dans ce dernier cas, il sera délivré en outre un bon représentant les quantités déduites et ces bons pourront être ultérieurement échangés sur la demande du détenteur, soit contre un certificat d'origine, soit contre un permis de colportage pour l'exportation ou le transport des déchets provenant de la transformation du liège.

Art. 11. — Les certificats d'origine devront être rigoureusement exigés par le service des douanes, préalablement à tout embarquement.

Art. 12. — Toutes contraventions au présent arrêté seront constatées par les agents et préposés des eaux et forêts, les administrateurs civils et militaires et leurs adjoints, les maires et adjoints, les commissaires de police, les officiers de gendarmerie et gendarmes, les gardes champêtres et généralement tous les officiers de police judiciaire et agents de la force publique.

Art. 13. — Les procès-verbaux dressés en application de l'article précédent seront transmis dans les dix jours à l'inspecteur des eaux et forêts qui est chargé d'exercer les poursuites.

En territoire militaire, et s'il s'agit d'indigènes non naturalisés, les poursuites seront exercées devant les juridictions militaires compétentes par le général commandant la division.

Art. 14. — Les préfets des départements, généraux commandant les divisions, le directeur des douanes et les conservateurs des eaux et forêts sont chargés, chacun en ce qui le concerne, de l'exécution du présent arrêté.

Art. 15 — Toutes dispositions antérieures contraires au présent arrêté, sont et demeurent abrogées.

Fait à Alger, le 20 août 1904.

JONNART.

Réglementation de l'exploitation, du colportage, de la vente et de l'exportation des écorces à tan, charbons, bois, cendres de bois, produits résineux et brins pour cannes.

—

Le Gouverneur général de l'Algérie,

Vu l'article 134 de la loi forestière relative à l'Algérie du 21 février 1903, ainsi conçu : « Des arrêtés du Gouverneur général, pris en conseil de gouvernement, détermineront les conditions de l'exploitation, du colportage, de la vente et de l'exportation des lièges, écorces à tan, charbons, bois et cendres de bois, alfa, produits résineux des forêts et brins destinés à la fabrication des cannes.

« Ceux qui auront contrevenu à ce règlement seront punis d'une amende de 1 à 100 francs ; ils pourront, en outre, être passibles de un à cinq jours de prison et de la confiscation des produits, sans préjudice de l'application de l'article 142 de la présente loi.

« En cas de récidive, l'emprisonnement sera obligatoire. »

Vu les avis formulés par les préfets des départements, les généraux commandant les divisions, les conservateurs des eaux et forêts et le procureur général près la Cour d'Alger ;

Le conseil de gouvernement entendu ;

ARRÊTE :

CHAPITRE PREMIER

EXPLOITATION

Art. 1ᵉʳ — Tout particulier, européen ou indigène, qui voudra exploiter ou faire exploiter par des tiers, en tout ou en partie, quelle qu'en soit l'essence, et quelle que soit la nature des produits à en tirer, les bois qui lui appartiennent, sera tenu d'en faire, trois mois au moins avant l'exploitation, la déclaration préalable à la mairie ou au bureau de l'administrateur de la commune de la situation des bois.

Cette déclaration, en double minute, dont une sur timbre, contiendra élection de domicile dans la commune, le nom et la situation exacte des massifs, l'âge et l'essence des bois à exploiter, et enfin la nature et la quantité approximative des produits à en tirer.

Le maire ou l'administrateur, après avoir vérifié les droits du déclarant sur les bois à exploiter, inscrit cette déclaration sur un registre spécial et porte mention de cette inscription avec son visa sur les deux minutes. Il rend l'une au déclarant et fait parvenir immédiatement l'autre (celle sur timbre) au chef de cantonnement des eaux et forêts.

Au cas où le déclarant ne justifierait pas suffisamment de ses droits, les deux minutes de sa déclaration lui seraient rendues avec mention d'annulation, et l'exploitation ne pourrait pas être effectuée. Le déclarant pourra appeler de cette annulation devant le préfet, statuant en conseil de préfecture.

Art. 2. — Le chef de cantonnement ou son délégué procédera, dans un délai de vingt-cinq jours à partir de la date du visa, à la reconnaissance du bois ou de la forêt à exploiter ou à écorcer, après avoir prévenu le déclarant de cette reconnaissance, au moins huit jours d'avance, au domicile élu par lui, au moyen d'un avis remis par un préposé ou d'une lettre recommandée, l'invitant à assister à l'opération ou à s'y faire représenter. En tous cas, la présence du propriétaire ou de son représentant suffira pour rendre la reconnaissance valable.

Art. 3. — Le procès-verbal dressé par l'agent ou le préposé des eaux et forêts contiendra toutes les constatations et tous les renseignements nécessaires pour permettre au conservateur d'apprécier, en toute connaissance de cause, s'il doit faire opposition à l'exploitation et, au cas contraire, s'il y a lieu d'imposer des conditions pour assurer la régénération du peuplement.

Le procès-verbal mentionnera, en outre, la quantité maxima des divers produits que pourra fournir l'exploitation. Cette indication servira de base pour la délivrance des permis de colportage.

Art. 4. — Le conservateur des eaux et forêts notifiera au déclarant qu'il ne s'oppose pas à l'exploitation, qu'il la subordonne à telles conditions ou qu'il s'y oppose purement et simplement. Il fera connaître le sens de cette notification au maire ou à l'administrateur qui aura reçu la déclaration.

En cas d'opposition, appel pourra être formé par le déclarant devant le préfet, statuant en conseil de préfecture.

Art. 5. — L'opposition à l'exploitation ne pourra être faite que dans le cas où le terrain se trouve dans les conditions de l'article 76 de la loi du 21 février 1903 et si l'exploitation risque d'amener la dénudation définitive du sol.

Art. 6. — Dans le cas où le conservateur le jugera nécessaire, il précisera les conditions auxquelles l'exploitation devra être soumise et notamment : 1° le mode d'exploitation à employer ; 2° l'époque à laquelle la fabrication des divers produits pourra avoir lieu ; 3° l'époque à laquelle la vidange devra être terminée ; 4° les mesures d'ordre nécessaires pour exercer sur l'exploitation et l'écoulement des produits un contrôle efficace ; 5° les mises en défens à imposer pour que l'exercice du pâturage ne nuise pas à la reconstitution des boisements exploités.

Art. 7. — Si, dans le délai de trois mois à partir du visa de la déclaration, le conservateur des eaux et forêts n'a pas notifié sa décision à l'intéressé, l'exploitation pourra être effectuée.

Art. 8. — Toute exploitation commencée dans ce délai de trois mois avant l'avis du conservateur, toute exploitation effectuée malgré son opposition et toute infraction aux conditions imposées donneront lieu à des poursuites judiciaires exercées contre le propriétaire ou ses ayants-droit.

Art. 9. — Les adjoints indigènes, chefs de douar, de tribu ou de fraction, cheiks, kebars de djemâa, ouakafs sont tenus d'aviser immédiatement le maire ou l'administrateur et le représentant le plus voisin de l'administration des eaux et forêts des exploitations faites sur leur territoire en contravention à la présente réglementation.

Ils prêteront leur concours aux fonctionnaires des eaux et forêts pour la constatation des délits et contraventions.

Art. 10. — La réglementation qui précède n'est pas applicable aux exploitations pratiquées dans les bois et forêts soumis au régime forestier, ou qui, situés sur les territoires de colonisation, n'ont pas été réservés comme devant rester à l'état boisé, lors de la constitution du centre.

En outre, des arrêtés du Gouverneur général, pourront suspendre l'application de ladite réglementation sur les territoires ou fractions de territoire dans lesquels elle serait reconnue inutile ou impraticable.

CHAPITRE II

COLPORTAGE ET VENTE

Art. 11. — Tout européen ou indigène qui transportera, en quelque lieu que ce soit, ou mettra en vente sur un marché public des écorces à tan brutes ou moulues, bois indigènes, charbons de bois, cendres de bois, souches de bruyère à l'état brut ou ouvragé, produits résineux des forêts ou des brins destinés à la fabrication des cannes devra être muni d'un permis de colportage établi à son nom et indiquant son domicile, le poids ou la quantité des produits, leur origine ainsi que leur destination. Ce permis sera délivré par l'agent forestier local ou, s'il n'y a pas d'agent dans la région ou que cet agent soit régulièrement empêché, par le maire ou l'administrateur de la commune de la situation des bois. Dans toutes les parties du territoire où le chapitre premier est applicable, l'avis de non opposition devra être présenté à l'agent, maire ou administrateur invité à délivrer le permis et celui-ci y inscrira la quantité et la nature des produits qui seront ainsi rendus mobiles.

Les permis seront valables pendant une durée de quinze jours à dater de leur délivrance. Ils pourront être prorogés pour une seconde période d'égale durée par l'autorité qui les aura délivrés.

Art. 12. — Les permis de colportage seront présentés à toute réquisition, tant des agents et préposés des eaux et forêts que de tous autres officiers de police judiciaire ou agents de la force publique.

Ces fonctionnaires ou agents apposeront leur visa sur les permis en indiquant la date, le lieu, et la quantité des produits dont ils constateront le transport.

Art. 13. — Les écorces à tan, bois indigènes, charbons de bois, cendres de bois, souches de bruyère, produits résineux des forêts ou brins destinés à la fabrication des cannes colportés ou mis en vente sans permis seront saisis et placés sous séquestre, ainsi que les enveloppes qui les contiennent et, s'il y a lieu, les voitures, attelages et bêtes de somme qui servent à les transporter. Une expédition du procès-verbal portant saisie sera déposée dans les trois jours au greffe de la justice de paix.

Notification de la saisie sera faite immédiatement par l'administration des eaux et forêts au receveur des domaines du canton judiciaire où aura lieu la saisie et, dans le délai de trois jours fixé par l'article 148 de la loi du 21 février 1903, au propriétaire, si celui-ci est connu, ou, s'il est inconnu, au maire ou à l'administrateur du lieu de la saisie, qui la fera immédiatement afficher à la porte du bâtiment communal.

Le juge de paix pourra donner main-levée provisoire

de la saisie pour tout ou partie des objets saisis, après paiement des frais de séquestre, moyennant bonne et valable caution et après qu'il aura été constaté par une déclaration écrite des autorités administratives chargées de la délivrance des permis, ou sur l'attestation par serment de témoins honorables et dignes de foi, que les produits saisis ne proviennent pas d'un vol.

Avis de cette main-levée sera donné par le juge de paix à l'agent des eaux et forêts et au receveur des domaines.

Si les objets saisis ne sont pas réclamés dans les huit jours qui suivront celui de la saisie, la vente en sera faite par le receveur des domaines, qui la fera publier vingt-quatre heures à l'avance et en avisera le juge de paix et l'agent des eaux et forêts.

Les frais de garde et de vente seront taxés par le juge de paix et prélevés sur le produit net de la vente.

Le surplus du prix de vente sera encaissé par l'administration des domaines, sauf restitution au propriétaire de la valeur des objets saisis, si une transaction ultérieure ou le jugement définitif l'ordonne et après prélèvement du 5 0/0 pour frais de régie alloué à l'administration des domaines par le décret du 30 octobre 1857.

- En cas d'acquittement, outre cette restitution, les frais du séquestre et de régie, retenus sur le produit de la vente, seront remboursés au propriétaire par le service des eaux et forêts.

Art. 14. — Le colportage des produits énumérés à l'article 11 est interdit pendant la nuit, à moins d'autorisation spéciale dûment justifiée des autorités qui ont délivré le permis.

Art. 15. — Tout européen ou indigène qui vendra, même en dehors des marchés publics, des écorces à tan ou des brins destinés à la fabrication des cannes, sera tenu d'en justifier l'origine par la production du permis de colportage.

Art. 16. — Tout acheteur d'écorce à tan ou de brins destinés à la fabrication des cannes, devra, sous sa propre responsabilité, exiger cette justification. Il devra être constamment muni des permis de colportage établissant l'origine des produits de cette nature dont il fait commerce et renfermés dans ses magasins ou lieux de dépôt. Il pourra, en vue de nouveaux transports, se faire délivrer de nouveaux permis de colportage en remettant à l'agent des eaux et forêts, au maire ou à l'administrateur, les premiers permis qui seront immédiatement annulés.

Il ne pourra se refuser à la vérification de ses magasins ou lieux de dépôt, par les maires ou adjoints, les agents ou préposés des eaux et forêts et tous autres officiers de police judiciaire.

L'article 142 § 2 de la loi du 21 février 1903 et l'article 16 § 3 du code d'instruction criminelle sont applicables.

Art. 17.— L'achat des écorces à tan et des brins destinés à la fabrication des cannes dont l'origine n'est pas justifiée est formellement interdit ; les produits ainsi achetés seront saisis, en quelque lieu qu'ils se trouvent, et placés sous séquestre, dans les conditions prévues à l'article 13, sans préjudice des autres peines encourues.

Art. 18.— Des arrêtés du Gouverneur général pourront suspendre l'application de la réglementation relative au colportage et à la vente résultant du présent chapitre, sur les territoires ou fractions de territoires dans lesquels cette réglementation serait reconnue inutile ou inapplicable.

CHAPITRE III

EXPORTATION

Art. 19. — Toute expédition d'écorces à tan, bois indigènes, charbons de bois, cendres de bois. produits résineux des forêts ou brins destinés à la fabrication des cannes, soit pour la France, soit pour l'Etranger, devra être accompagnée d'un certificat d'origine délivré par le service des eaux et forêts ou, à défaut, par l'autorité administrative du port d'embarquement, sur le vu des permis de colportage portant certificat de provenance.

Art. 20. — Les permis de colportage seront retirés et annulés au fur et à mesure de leur échange contre le certificat d'origine pour l'exportation qui doit les remplacer.

Ce certificat d'origine devra être rigoureusement exigé par le service des douanes, préalablement à tout embarquement.

CHAPITRE IV

DISPOSITIONS GÉNÉRALES

Art. 21. — Toutes contraventions au présent arrêté seront constatées par les agents et préposés des eaux et forêts, les administrateurs civils et militaires et leurs adjoints, les maires et adjoints, les commissaires de police, les officiers de gendarmerie et gendarmes, les gardes champêtres et généralement tous les officiers de police judiciaire.

Art. 22. — Les procès-verbaux dressés en application de l'article précédent seront transmis dans les dix jours à l'inspecteur des eaux et forêts qui est chargé d'exercer les poursuites.

En territoire militaire et s'il s'agit d'indigènes non naturalisés, les poursuites seront exercées devant les juridictions militaires compétentes par le général commandant la division.

Art. 23. — Les préfets des départements, les généraux commandant les divisions, le directeur des douanes et les conservateurs des eaux et forêts sont chargés, chacun en ce qui le concerne, de l'exécution du présent arrêté.

Art. 24. — Toutes dispositions antérieures contraires au présent arrêté, sont et demeurent abrogées.

Fait à Alger, le 20 août 1904.

JONNART.

Le Gouverneur général de l'Algérie,

Vu les articles 10 et 18 de l'arrêté en date du 20 août 1904, portant que l'application de la réglementation relative, d'une part, à l'exploitation des bois particuliers, et, d'autre part, au colportage et à la vente des écorces à tan, bois indigènes, charbons de bois, cendres de bois, souches de bruyères, produits résineux des forêts et brins pour cannes, pourra être suspendue dans certaines régions,

ARRÊTE :

Art. 1er. — La réglementation relative aux *exploitations* dans les bois particuliers et édictée par les articles 1, 2,

3, 4, 5, 6, 7, 8 et 9 de l'arrêté précité ne sera pas appliquée, jusqu'à nouvel ordre, dans les régions suivantes :

Arrondissement de Bône en entier.

Communes mixtes de Souk-Ahras et de la Séfia (arrondissement de Guelma).

Art. 2. — La réglementation prévue aux articles 11, 12, 13 et 14 de l'arrêté précité et relative au *colportage* et à la *vente* est suspendue jusqu'à nouvel ordre dans les régions suivantes, mais seulement en ce qui concerne les *bois* et *charbons de bois* :

Enceinte des villes ayant une population agglomérée supérieure à 3,000 habitants.

Arrondissement de Bône (en entier).

Arrondissement de Philippeville (en entier).

Commune mixte de Souk-Ahras....
    Id.   de la Séfia .... } Arrondissement de Guelma.

Commune mixte d'Attia...........
    Id.   d'El-Milia.........
    Id.   de Taher..........
    Id.   de Tababort....... } Arrondissement de Bougie.

Commune de plein exercice de Djidjelli, arrondissement de Bougie.

Arrrondissement de Tizi-Ouzou (en entier).

Commune de plein exercice de Cherchell.
Commune mixte de Gouraya........... } Arrondissement d'Alger.

Commune mixte des Braz....................

Douar Beni-Fathem.......
    Id.   Tighzert..........
    Id.   Djebel-Louhe ...... } Commune mixte du Djendel.

Douar Harraouat.........
    Id.   Lyra..............
    Id.   Khobazza......... } Commune mixte de Téniet-el-Haâd. } Arrondissement de Miliana.

Douar Sinfita............
    Id.   Maïn .... } Commune mixte de Ténès. } Arrondissement d'Orléansville.

Art. 3. — Il n'est rien modifié aux mesures relatives à l'exportation des divers produits.

Art. 4. — Les préfets des départements et les conservateurs des éaux et forêts sont chargés de l'exécution du présent arrêté.

Fait à Alger, le 22 août 1904.

Pour le Gouverneur général ;

Le conseiller de gouvernement délégué,

MATTEI.

Réglementation de l'exploitation et de la vente de l'alfa.

—

Le Gouverneur général de l'Algérie,

Vu l'article 134 de la loi forestière relative à l'Algérie du 21 février 1903, ainsi conçu : « Des arrêtés du Gouverneur général, pris en conseil de gouvernement, détermineront les conditions de l'exploitation, du colportage, de la vente et de l'exportation des lièges, écorces à tan, charbons, bois et cendres de bois, alfa, produits résineux des forêts et brins destinés à la fabrication des cannes.

Ceux qui auront contrevenu à ce règlement seront punis d'une amende de 1 à 100 francs ; ils pourront, en outre, être passibles de un à cinq jours de prison et de la confiscation des produits, sans préjudice de l'application de l'article 142 de la présente loi.

En cas de récidive, l'emprisonnement sera obligatoire ;

Vu les avis formulés par les préfets des départements, les généraux commandant les divisions, les conservateurs des eaux et forêts et le procureur général près la cour d'appel d'Alger ;

Le conseil de gouvernement entendu,

ARRÊTE :

Art. 1er. — La cueillette de l'alfa et toutes opérations relatives à l'achat de ce textile aux ouvriers alfatiers sont soumises, en Algérie, à une période annuelle d'interdiction dont la durée est fixée à quatre mois.

Le Tell comprend tout le territoire situé au nord de la ligne passant dans le département d'Oran, par Gar-Rouban, Sebdou, Magenta, Saïda, Frenda, Aïn-Touda, sur le Nahr-Ouassel ; dans le département d'Alger, par le Nahr-Ouassel, Bou-Guezoul, Djebel-Sikra, Nadjar sous Tourba, Djebel Bouzid, et dans le département de Constantine, par le Djebel Bouzid, Djebel Mahadid, N'Gaous, Aïn-Touta, Aïn-Beïda et Djebel Boudjabar.

Les Hauts-Plateaux comprennent les régions situées au sud de la ligne ci-dessus déterminée.

Pour le Tell, la période d'interdiction dure du 16 janvier au 15 mai.

Pour les Hauts-Plateaux, elle commence le premier mars et prend fin le premier juillet. Un arrêté préfectoral ou du général commandant la division, rendu sur l'avis du service forestier, pourra, si la maturité le permet, sur un point donné, devancer l'époque fixée de 15 jours au plus.

Quant aux alfas des versants sahariens et ceux des versants sud des chotts qui avoisinent les dunes, chaque territoire sera divisé en trois zones dans lesquelles la récolte aura lieu successivement de manière que chaque année deux de ces zones soient respectées. La cueillette de l'alfa dans ces régions aura lieu exclusivement dans les terrains en plaine ou légèrement ondulés, à sol pierreux ou rocheux et sera effectuée aux époques fixées pour les Hauts-Plateaux. La cueillette demeure expressément interdite : dans un rayon de dix kilomètres autour des places de Laghouat, Mécheria et Géryville, dans toutes les parties sablonneuses.

L'ouverture de chantiers pour l'exploitation de l'alfa, à titre permanent, sur les versants sahariens et sur les versants sud des chotts qui avoisinent les dunes devra être autorisée par arrêtés du général commandant la division.

Les années de disette ou de calamité pour les populations indigènes, l'ouverture des chantiers sera devancée suivant les besoins.

L'interdiction de la cueillette s'applique à tous les terrains indistinctement, quel qu'en soit le propriétaire : Etat, communes et particuliers, tant Européens qu'indigènes.

Art. 2. — La récolte de l'alfa se fera par voie d'arrachis à la main ou au bâtonnet, à l'exclusion de tout instrument tranchant.

L'arrachis de souches vives d'alfa pour le chauffage et autres emplois industriels est prohibé.

Art. 3. — Tout particulier qui voudra établir un chantier ou une bascule pour l'achat et la manipulation de l'alfa en adressera la déclaration à la sous-préfecture ou à la division ou subdivision, suivant le territoire.

Cette déclaration indiquera d'une manière précise les terrains à exploiter et l'emplacement choisi pour l'installation projétée : elle mentionnera également le nom du chef de chantier préposé à la bascule. Elle sera faite en double expédition, dont une sur timbre, le double sur papier libre sera rendu au déclarant après visa.

Les fraudes (fausses pesées sur les chantiers), tant du côté du vendeur que de l'acheteur, seront constatées par procès-verbal, à la diligence des fonctionnaires ou agents désignés à l'article 6.

Art. 4. — L'incinération de l'alfa dans les terrains déjà exploités est interdite d'une manière absolue à toutes les époques de l'année.

Partout ailleurs cette incinération ne pourra avoir lieu que sur autorisation du sous-préfet ou du général commandant la division ou subdivision, suivant les territoires. La période pendant laquelle les mises à feu pourront être autorisées s'étendra du 1er novembre au 1er mars.

Art. 5. — Dans les terrains à alfa incinérés sans autorisation, la cueillette de l'alfa et l'exercice du pâturage seront interdits pendant quatre années.

Art. 6. — La constatation des contraventions est confiée aux agents et préposés des eaux et forêts, aux maires, administrateurs et adjoints, aux commandants de cercle et officiers de bureau arabe, aux commissaires de police, gardes champêtres, gendarmes et généralement à tous officiers de police judiciaire.

Les administrateurs et chefs de cercle pourront commissionner des gardes spéciaux en vue de la recherche et de la constatation des mêmes contraventions.

Les acheteurs d'alfa ne pourront se refuser à la vérification de leurs chantiers ou lieux de dépôt, par les fonctionnaires, agents ou gardes désignés au présent article.

Art. 7. — Les procès-verbaux dressés en application de l'article précédent seront transmis dans les dix jours à l'inspecteur des eaux et forêts qui est chargé d'exercer les poursuites.

En territoire militaire, et s'il s'agit d'indigènes non naturalisés, les poursuites seront exercées par devant les juridictions militaires compétentes, par le général commandant la division.

Les fonctionnaires verbalisateurs autres que les officiers de l'armée et les agents des eaux et forêts auront droit, comme les préposés forestiers, à une part égale à la moitié des amendes prononcées. Cette part leur sera payée après condamnation des délinquants ou paiement de la transaction par imputation sur le crédit spécial inscrit au budget du service des eaux et forêts pour cette nature de dépense ou tout autre fonds qui serait affecté au paiement de ces frais.

Art. 8. — Les peuplements d'alfa seront inspectés tous les trois ans par un agent des eaux et forêts et une autre personne compétente que désignera le Gouverneur général. Les inspecteurs présenteront un rapport sur l'état des peuplements et sur la manière dont ils sont exploités et enfin sur les points de la réglementation qui leur paraîtraient comporter des réformes. Ils pourront proposer au gouvernement la mise en interdiction des zones d'alfa à reconstituer par un repos prolongé.

Art. 9. — Les préfets des départements, les généraux commandant les divisions et les conservateurs des eaux et forêts sont chargés, chacun en ce qui le concerne, de l'exécution du présent arrêté.

Art. 10. — Toutes dispositions antérieures, contraires au présent arrêté, sont et demeurent abrogées.

Fait à Alger, le 20 août 1904.

JONNART.

Classification des produits forestiers et réglementation de leur mode de vente et d'exploitation.

Le Gouverneur général de l'Algérie,

Vu l'article 58 de la loi forestière, relative à l'Algérie, du 21 février 1903, ainsi conçu ;

« L'alfa et autres produits divers des forêts pourront être cédés par adjudication ou par marchés de gré à gré, passés dans les formes prescrites par les articles 18 et 19.

« Les dispositions d'exécution seront déterminées par arrêté du Gouverneur général.

« Les contraventions à ces dispositions seront punies des peines prévues par la présente loi ».

Vu les avis des conservateurs des eaux et forêts de la colonie,

ARRÊTE :

Art. 1ᵉʳ. — Les produits des forêts se divisent en *produits principaux* et *produits divers*.

Art. 2. — Les *produits principaux* sont les lièges et les coupes de bois ou d'écorces.

Ils sont *ordinaires, extraordinaires* ou *accidentels* :

Les *coupes ordinaires* sont réglées par l'usage, par un aménagement réglé par décret ou par un règlement d'exploitation approuvé par le Gouverneur général.

Les *coupes extraordinaires* sont autorisées par un décret spécial, inséré au *Bulletin des Lois* (article 17 de la loi du 21 février 1903).

Les *exploitations accidentelles* de bois ou d'écorces comprennent les bois dépérissants, chablis, bois incendiés, bois de délit, abatages sur tracés de routes, ainsi que les menues délivrances de bois aux services publics, les délivrances de perches à des particuliers et les petites coupes de taillis concédées aux indigènes pour faire face à des besoins urgents. Elles sont autorisées par les chefs de service jusqu'à concurrence de 200 francs, par les conservateurs de 200 à 500 francs et par le Gouverneur général au-dessus de 500 francs.

Art. 3. — Les produits principaux doivent (en principe) être vendus par adjudication publique (art. 18 de la loi forestière) soit en bloc sur pied, soit par unité de marchandises.

Les produits principaux *ordinaires* et *extraordinaires* ne peuvent être cédés de gré à gré que par autorisation spéciale du Gouverneur général et qu'après qu'une adjudication publique aura été tentée sans succès.

Les produits principaux *accidentels* peuvent être cédés de gré à gré lorsqu'il est reconnu qu'ils ne sont pas susceptibles d'être mis en adjudication et s'il y a lieu de pourvoir à des besoins accidentels et imprévus (art. 19 de la loi forestière).

Art. 4. — Les *produits divers* sont : la chasse, le fermage des vides labourables, l'amodiation de la glandée, le panage (porcs), le pacage (moutons), le pâturage (gros bétail), l'alfa et les autres menus produits (bois mort gisant, souches improductives, morts-bois ne faisant pas partie de l'étage principal, harts, plants, fruits, semences, herbes, diss, minerais, terre, pierre, sable, roseaux, hampes d'agaves, palmier nain et autres produits analogues.

Art. 5. — Le Gouverneur général autorise l'adjudication de la glandée, du panage, du pacage et du pâturage dans les conditions prescrites par l'article 53 de la loi forestière algérienne, ainsi que l'adjudication de l'alfa.

En cas d'insuccès de l'adjudication, les conservateurs pourront traiter de gré à gré sur les bases adoptées pour l'adjudication.

Art. 6. — Les préfets consentent, sur l'avis conforme des conservateurs, soit par adjudication publique, soit par marché de gré à gré : les baux et licences de chasse, la location des vides labourables et la concession des carrières (à l'exception des phosphates), lorsque la redevance annuelle est inférieure à 2,000 francs et la durée inférieure à neuf années.

Le Gouverneur général statue lorsque la redevance annuelle est égale ou supérieure à 2,000 francs et la durée de 9 à 18 ans.

Art. 7. — La cession de gré à gré des *menus produits* proprement dits (y compris l'alfa) sur un tarif approuvé chaque année et pour chaque cantonnement par les conservateurs, pourra être autorisée par les chefs de cantonnement sur la demande des intéressés et sur la présentation d'un mandat postal établi au nom du receveur des domaines et égal au montant de la redevance augmenté de 0 fr. 25 pour le timbre de quittance, s'il s'agit d'une somme supérieure à dix francs.

La demande pourra être verbale, si la redevance ne dépasse pas dix francs. Dans le cas contraire elle sera établie sur timbre.

Le chef de cantonnement inscrira la demande sur un carnet à souche, comprenant un talon et deux feuilles à détacher. Le talon lui servira de registre spécial des menus produits ; il remettra l'une des feuilles au concessionnaire pour lui servir de permis d'enlèvement et enverra, avec le mandat postal, l'autre feuille comme titre de recouvrement à son chef de service, qui fera parvenir ces pièces à l'administration des domaines chargée de l'encaissement.

Dans le cas où la valeur des menus produits justifierait une adjudication publique, le Gouverneur général autorisera cette adjudication sur la proposition du conservateur.

Art. 8.— Les clauses et conditions générales des adjudications ou marchés de gré à gré seront énoncées, s'il y a lieu, dans des cahiers des charges spéciaux à chaque nature de produits et approuvés par le Gouverneur général.

Les clauses spéciales seront fixées par l'autorité qui aura consenti le marché.

Art. 9. — Toutes dispositions antérieures, contraires au présent arrêté, sont et demeurent abrogées.

Fait à Alger, le 20 août 1904.

JONNART.

Réglementation du mode d'exécution des délivrances usagères dans les forêts domaniales.

Le Gouverneur général de l'Algérie,

Vu l'article 73 de la loi forestière relative à l'Algérie, en date du 21 février 1903, ainsi conçu :

« Le service des eaux et forêts est autorisé à faire les délivrances usagères soit collectivement et à des époques déterminées, soit individuellement et suivant les circonstances.

« Le mode d'exécution de ces délivrances sera déterminé par un arrêté du Gouverneur général.

« Les contraventions aux dispositions de cet arrêté seront punies d'une amende de 1 à 100 francs ».

Vu les avis formulés par les préfets des départements, les généraux commandant les divisions et les conservateurs des eaux et forêts.

ARRÊTE :

Art. 1ᵉʳ. — Le droit d'usage au bois mort, au diss, au palmier nain et à la glandée sera exercé individuellement, sans délivrance spéciale.

Les usagers n'auront droit qu'au bois mort gisant ou venant à la main, et aux glands tombés naturellement ou simplement gaulés.

L'emploi des serpes, haches, scies et autres instruments de même nature est formellement interdit.

Art. 2. — Pour la délivrance des bois de construction, de charrue et autres régulièrement reconnus par titres, les administrateurs et maires adresseront chaque année, avant le 15 juillet, à l'inspecteur des eaux et forêts de leur circonscription, les listes des usagers qui sollicitent des délivrances.

Ces listes, établies par douar, indiqueront :

Les noms des demandeurs, leur domicile ;

La nature et la quantité des bois nécessaires à leurs besoins personnels, ainsi que les motifs qui justifient la délivrance ;

La désignation de la forêt et du canton où il conviendrait de pratiquer l'exploitation.

Art. 3. — Au vu de ces listes, et après enquête du service forestier local, les conservateurs arrêteront les états de délivrance réduits, s'il y a lieu, suivant l'état et la possibilité des forêts grevées et en tenant compte des besoins réels des usagers.

En cas de contestation sur la possibilité des forêts ou les besoins des usagers, le recours en conseil de préfecture aura effet suspensif jusqu'à décision définitive.

Art. 4. — Le service des eaux et forêts procèdera au martelage et à l'estimation des coupes nécessaires pour ces délivrances. Les maires ou administrateurs seront prévenus, au moins 48 heures à l'avance, du jour où ces opérations auront lieu.

Art. 5. — Les délivrances se feront en bloc, par douar, à la date arrêtée de concert entre l'inspecteur des eaux et forêts et les maires ou administrateurs. Ces derniers feront connaître cette date aux intéressés.

Tout usager qui ne se présentera pas au jour indiqué sera rayé de la liste et exclu, pour l'année, des délivrances autorisées.

Art. 6. — Les exploitations seront pratiquées conformément aux conditions fixées par les arrêtés d'autorisation. Les usagers y procéderont collectivement sous la conduite de leur chef de fraction, qui sera responsable de tous les délits qu'il n'aura pas signalés immédiatement.

Après abatage, il sera procédé au lotissement des bois, conformément aux états de délivrance, en présence des préposés des eaux et forêts et la responsabilité du chef de fraction ne prendra fin qu'après l'enlèvement du dernier lot.

La délivrance sera constatée par un procès-verbal régulier.

Art. 7. — Le Gouverneur général pourra autoriser l'administration des eaux et forêts à faire abattre et débiter à l'avance, en régie, les bois nécessaires aux usagers. Ces bois, délivrés dans les mêmes conditions que les bois sur pied, ne seront remis aux intéressés qu'après remboursement des frais d'abatage, de façonnage et de transport d'après un tarif fixé par le préfet sur la proposition du service des eaux et forêts.

Art. 8. — En dehors des délivrances collectives, il pourra être fait, dans le courant de l'année, des délivrances individuelles, mais seulement en cas d'urgence absolue motivée par un cas de force majeure (incendie, inondation, etc.)

Ces délivrances seront autorisées par l'inspecteur des eaux et forêts, qui en rendra compte au conservateur par l'envoi du procès-verbal de délivrance.

Art. 9. — Les bois délivrés devront recevoir strictement l'emploi indiqué sur les demandes et ne pourront être vendus ni livrés au commerce sous peine d'être considérés comme exploités en délit.

Les bois d'industrie ou de construction devront être marqués du marteau du garde avant tout enlèvement.

Art. 10. — Pendant le délai d'un an à dater de la délivrance, les préposés forestiers auront le droit de vérifier l'emploi des bois, délivrés et, à cet effet, de procéder à toutes recherches et visites domiciliaires en se conformant aux prescriptions des articles 142 et 143 de la loi ci-dessus visée.

Art. 11. — Par application de l'article 75 de la même loi, les usagers qui auront bénéficié de délivrances, seront tenus de fournir, à première réquisition du service des eaux et forêts, pour l'entretien de la forêt grevée, une journée de prestation par mètre cube de bois ou centaine de perches de moins de 0 m. 20 de tour.

Il auront la faculté de se libérer en argent, suivant le taux fixé par le conseil général, pour les journées de prestations.

Art. 12. — Toutes dispositions antérieures, contraires au présent arrêté, sont et demeurent abrogées.

Fait à Alger, le 20 août 1904.

JONNART.

Extraits de la Loi Forestière Algérienne du 21 Février 1903

(Articles 18, 19, 53, 58, 59, 73, 74, 75, 76, 121, 123, 125, 126, 127 128, 129, 132, 134, 136, 139, 140, 142, 143, 145, 146, 147 et 148.

Art. 18. — Aucune vente ordinaire ou extraordinaire ne pourra avoir lieu dans les bois de l'Etat que par voie d'adjudication publique annoncée au moins quinze jours à l'avance par des affiches apposées dans le chef-lieu du département, dans la commune de la situation des bois, dans les communes environnantes et dans le lieu de la vente.

Le service des eaux et forêts sera autorisé, par arrêté spécial du Gouverneur général de l'Algérie, à effectuer, en une seule et même adjudication, la vente de plusieurs coupes d'une même série d'exploitation, à la condition que les délais d'exploitation et de payement n'excéderont pas cinq ans.

A l'expiration de la jouissance, tous les travaux fixes de routes ou de canalisation et tous les ouvrages d'art faits en vue du transport ou de l'exploitation des bois resteront à l'Etat sans indemnité.

Art. 19. — Des cessions, par voie de marché de gré à gré, peuvent toutefois être autorisées dans les cas suivants :

1º S'il y a à pourvoir d'urgence à des besoins accidentels et imprévus ;

2º Lorsque des produits forestiers n'ont pu ou ne peuvent être vendus par voie d'adjudication publique.

Art. 53. — Dans les forêts de l'Etat déclarées défensables et affranchies de droits d'usage, la glandée, le panage, le parcours pourront être mis en adjudication pour une durée maxima de trois années.

Les formalités prescrites dans la section III du présent titre, pour les adjudications de coupes de bois, seront observées pour ces adjudications.

Avant de procéder à l'adjudication publique, la cession du parcours, par voie de marché de gré à gré, sera offerte aux collectivités voisines. En cas de refus de celles-ci, il sera procédé à l'adjudication sur la mise à prix offerte préalablement pour le marché.

L'administration est également autorisée à traiter de gré à gré en cas d'insuccès des adjudications.

Art. 58. — L'alfa et autres produits divers des forêts pourront être cédés par adjudications ou par marchés de gré à gré passés dans les formes prescrites par les articles 18 et 19.

Les dispositions d'exécution seront déterminées par arrêté du Gouverneur général.

Les contraventions à ces dispositions seront punies des peines prévues par la présente loi.

Art. 59. — Le Gouverneur général de l'Algérie pourra, sur l'avis conforme des conservateurs des eaux et forêts, autoriser la location, pour une durée maxima de dix-huit années, de terrains vagues, vides ou clairières, existant dans les forêts domaniales.

Cette location sera faite, soit par adjudication publique, soit par voie de marché de gré à gré.

Art. 73. — Le service des eaux et forêts est autorisé à faire les délivrances usagères soit collectivement et à des époques déterminées, soit individuellement et suivant les circonstances.

Le mode d'exécution de ces délivrances sera déterminé par un arrêté du Gouverneur général.

Les contraventions aux dispositions de cet arrêté seront punies d'une amende de 1 à 100 francs.

Art. 74. — Il est interdit aux usagers de vendre les bois ou autres produits qui leur sont délivrés, ou de les employer à une autre destination que celle pour laquelle le droit d'usage a été accordé, sous peine d'une amende de 10 à 100 francs.

Art. 75. — Conformément aux dispositions de l'article 635 du code civil, les usagers pourront être tenus de contribuer, au prorata des droits dont ils jouissent, à l'entretien des forêts sur lesquelles ils exercent leurs droits d'usage.

Des arrêtés du Gouverneur général fixeront la contribution, qui sera payable à la volonté de l'usager, soit en argent, soit en journées de travail, et qui sera perçue comme en matières de contributions directes.

Art. 76. — Pourra être déclarée d'utilité publique l'expropriation des terrains dont le reboisement ou la restauration seront reconnus nécessaires :

1° Pour le maintien des terres sur les montagnes ou les pentes ;

2° Pour la défense du sol contre les érosions des rivières ou torrents ;

3° Pour assurer l'existence des sources et cours d'eau ;

4° Pour la fixation des dunes maritimes ou sahariennes et pour la protection contre les érosions de la mer et l'envahissement des sables;

5° Pour la défense du territoire dans la partie de la zone frontière qui sera déterminée par un règlement d'administration publique ;

6° Pour la salubrité publique.

Si la déclaration d'utilité publique est prononcée, l'expropriation sera poursuivie conformément à la législation algérienne.

Art. 121. — Quiconque sera trouvé, de nuit, dans les bois et forêts, hors des routes et chemins ordinaires, avec serpes, haches, cognées, scies ou autres instruments de même nature, sera condamné à une amende de 5 à 10 francs et à la confiscation des dits instruments.

Le maximum de l'amende sera appliqué en cas de récidive.

Art. 123. — Il est défendu de porter ou d'allumer du feu, en dehors des habitations et des bâtiments d'exploitation, dans l'intérieur et à la distance de 200 mètres des bois et forêts.

Du premier juillet au 31 octobre cette interdiction est applicable, même aux propriétaires des bois et forêts et s'étend à la fabrication du charbon, à l'extraction du goudron et à la distillation de la résine.

Toutefois, pendant la période du premier novembre au 30 juin, les propriétaires des bois et forêts ou leurs ayants-droit sont autorisés, quelle que soit la distance de la propriété voisine et pourvu qu'elle soit séparée de leur bois par une tranchée ouverte et entretenue conformément à l'article ci-après, à établir des charbonnières et fours à charbons, des fours pour l'extraction du goudron et de la résine, à allumer du feu dans leurs ateliers, ainsi qu'à incinérer, en tas, les broussailles et les rémanents de leurs exploitations.

L'emploi du feu dans les habitations, bâtiments d'exploitation, abris, camps, chantiers ou ateliers situés en forêt ou dans la zone de 200 mètres, sera soumis pendant la période du premier juillet au 31 octobre, aux prescriptions des règlements et arrêtés à intervenir en exécution de la présente loi.

Art. 125. — Les mises à feu, ainsi que l'incinération des végétaux sur pied, seront soumises aux prescriptions des règlements et arrêtés à intervenir en exécution de la présente loi.

La mise à feu n'aura lieu qu'avec l'autorisation des agents des eaux et forêts et sous la surveillance des préposés, s'il s'agit de terrains situés à moins de 200 mètres des bois et forêts, pour la période du premier novembre au 30 juin, et à moins de 500 mètres entre le premier juillet et le 31 octobre.

Art. 126. — Dans le cas où, malgré l'observation des précautions imposées par les articles précédents, le feu viendrait à s'étendre aux propriétés voisines, le promoteur de la mise à feu sera passible, s'il y a lieu, de tous dommages-intérêts.

Quiconque, ayant mis le feu en contravention aux dispositions des articles qui précèdent, aura incendié les propriétés voisines, sera puni d'un emprisonnement d'un an à cinq ans. Dans ce cas, l'article 463 du Code pénal sera applicable.

Art. 127. — Dans les régions forestières, les populations indigènes rurales et, en général, tous les usagers, seront, pendant la période du premier juillet au premier novembre, astreints, sous les pénalités édictées par l'article 136, à un service de surveillance qui sera réglé par arrêté du Gouverneur général de l'Algérie.

Ce service de surveillance sera obligatoire pour les usagers et, à leur défaut, pour tous les hommes valides habitant les communes ou sections de communes limitrophes des forêts. Il ne sera pas nécessairement rétribué.

Art. 128. — Pendant la période de surveillance, le Gouverneur général pourra faire envoyer en forêt des détachements commandés par des officiers ou des sous-officiers, pour concourir, avec les agents des eaux et forêts, à l'exécution des mesures légalement prises contre les incendies.

Les officiers et sous-officiers délégués seront placés auprès de l'autorité administrative locale et investis des attributions de police judiciaire qui appartiennent à la gendarmerie. Les règlements de cette arme leur seront applicables dans leurs rapports avec les autorités administratives et judiciaires.

Art. 129. — Tout européen ou indigène requis pour combattre un incendie et qui aura refusé son concours sans motifs légitimes, sera puni des peines portées à l'article 136.

En ce qui concerne les populations indigènes, la réquisition sera réputée valablement faite, lorsqu'elle aura été adressée au chef de groupe (cheik, adjoint, garde-champêtre, ouakaf), par un agent quelconque de l'autorité administrative, ou par un agent ou préposé du service des eaux et forêts, ou même par un garde particulier assermenté.

Les usagers seront, en outre, punis, pendant trois mois au moins et cinq ans au plus, de la privation de leurs droits d'usage, laquelle sera prononcée par le juge de paix.

Art. 132. — Les compagnies concessionnaires ou fermières de chemins de fer ou de tramways à vapeur établis dans l'intérieur ou sur le périmètre des bois et forêts ne devront laisser subsister sur les emprises des voies aucune herbe ou végétation herbacée, du 1er juin au 1er novembre, sous peine d'une amende de 16 à 300 francs.

Il pourra être, en outre, établi, le long des voies, des tranchées débarrassées de toutes broussailles et, s'il est reconnu nécessaire, de tous bois d'essence résineuse et constamment maintenues en bon état d'entretien Ces tranchées auront une largeur de vingt mètres à partir de l'emprise de la voie et devront être exécutées dans les six mois de la décision administrative qui en ordonnera l'exécution.

Les travaux d'établissement et d'entretien des tranchées seront exécutés par les compagnies et à leurs frais. A défaut, elles seront punies des peines édictées au paragraphe premier, et il leur sera fait appl·cation de l'article 42 de la présente loi.

Dans le mois qui suivra l'établissement des tranchées, les proprié- taires pourront enlever tout ou partie des produits, les compagnies restant chargées de faire disparaître le surplus ; s'il y a lieu à indem- nité, elle sera réglée à dire d'expert et, en cas de contestation, par le conseil de préfecture.

Art. 134. — Des arrêtés du Gouverneur général, pris en conseil de gouvernement, détermineront les conditions de l'exploitation, du colportage, de la vente et de l'exportation des lièges, écorces à tan, charbons, bois et cendres de bois, alfa, produits résineux des forêts et brins destinés à la fabrication des cannes.

Ceux qui auront contrevenu à ce règlement seront punis d'une amende de 1 à 100 francs ; ils pourront, en outre, être passibles d'un à cinq jours de prison et de la confiscation des produits, sans préju- dice de l'application de l'article 142 de la présente loi.

En cas de récidive, l'emprisonnement sera obligatoire.

Art. 136. — Toute contravention aux articles 123, 124, 125, 129 et 135 de la présente loi, ou aux prescriptions des arrêtés rendus pour leur exécution, sera punie d'une amende de 20 à 500 francs et pourra l'être, en outre, d'un emprisonnement de six jours à six mois, sans préjudice, en cas d'incendie, des peines portées à l'article 126 de la présente loi et de tous dommages-intérêts s'il y a lieu.

Art. 139. — L'administration des eaux et forêts est chargée, tant dans l'intérêt de l'Etat que dans celui des autres propriétaires de bois et forêts soumis au régime forestier, des poursuites en réparation de délits et contraventions commis dans ces bois et forêts.

Elle est également chargée de la poursuite en réparation des délits et contraventions prévus aux articles 98, 104, 123, 125, 126, 127, 129, 131 et 134.

Les actions et poursuites seront exercées par les agents des eaux et forêts, au nom de l'administration des eaux et forêts, sans préju- dice du droit qui appartient au ministère public.

Art. 140. — L'administration des eaux et forêts est autorisée à transiger avant jugement définitif sur les délits et contraventions qu'elle est chargée de poursuivre en vertu de l'article précédent.

Elle est également autorisée à transiger, même après jugement, en ce qui concerne les réparations civiles et les amendes.

Art. 142. — Les préposés sont autorisés à saisir les bestiaux trouvés en délit et les instruments, voitures et attelages des délinquants et à les mettre en séquestre. Ils suivront les objets enlevés par les délinquants jusque dans les lieux où ils auront été transportés et les mettront également en séquestre.

Ils ne pourront, néanmoins, s'introduire dans les maisons, cours et enclos, si ce n'est en présence soit du juge de paix ou de son suppléant, soit du maire ou de son adjoint, soit du commissaire de police, et, en outre, en ce qui concerne les indigènes, soit de l'adjoint indigène, soit du chef de groupe, cheikh ou ouakaf.

Art. 143. — Les fonctionnaires dénommés à l'article précédent ne pourront se refuser à accompagner, sur le champ, les préposés, lorsqu'ils en seront requis par eux pour assister à des perquisitions.

Ils seront tenus, en outre, de signer le procès-verbal du séquestre ou de la perquisition faite en leur présence, sauf au préposé, en cas de refus de leur part, à en faire mention au procès-verbal.

Art. 145. — Les agents et les préposés de l'administration des eaux et forêts ont le droit de requérir directement la force publique pour la répression des délits et contraventions en matière forestière, ainsi que pour la recherche et la saisie des produits forestiers enlevés en délit, vendus en fraude ou colportés en contravention aux arrêtés du Gouverneur général, prévus à l'article 134.

Art. 146. — Les agents et préposés écriront.........................
....

Dans le cas où le procès-verbal portera saisie, il en sera fait, aussitôt après la clôture, une expédition qui sera déposée dans les trois jours au greffe de la justice de paix, afin qu'il puisse en être donné communication à ceux qui réclameraient des objets saisis.

Art. 147. — Les juges de paix pourront donner main-levée provisoire des objets saisis, à la charge du paiement des frais du séquestre et moyennant bonne et valable caution.

En cas de contestation sur la solvabilité de la caution, il sera statué par le juge de paix.

Art. 148. — Toute saisie sera notifiée au propriétaire par l'agent ou préposé des eaux et forêts dans le délai de trois jours.

Si les objets ou bestiaux saisis ne sont pas réclamés dans les cinq jours qui suivront la saisie, ou s'il n'est pas fourni bonne et valable caution, le juge de paix en ordonnera la vente aux enchères au marché le plus voisin. — Si le propriétaire des objets ou bestiaux est inconnu, la vente pourra être ordonnée cinq jours après la saisie. Il y sera procédé à la diligence du receveur des domaines qui la fera publier vingt-quatre heures à l'avance.

Les frais de séquestre et de vente seront taxés par le juge de paix et prélevés sur le produit de la vente. Le surplus restera déposé entre les mains du receveur des domaines, pour être attribué à qui de droit.

Si la réclamation n'a lieu qu'après la vente, le propriétaire n'aura droit qu'à la restitution du produit net de la vente, tous frais déduits, dans le cas où cette restitution serait ordonnée par le jugement.